Comentario sobre el Programa general de Acción de la Unión en materia de Medio Ambiente hasta 2020

"Vivir bien, respetando los límites de nuestro planeta"

I0474711

Comentario sobre el Programa general de Acción de la Unión en materia de Medio Ambiente hasta 2020

Autor: Arturo Marcondes Aznar

2018

Primera edición: 2018

ISBN: 978-0-244-96817-5

Índice:

Introducción

El origen y evolución de la política medioambiental europea tiene un impulso político decisivo con la a Conferencia Internacional sobre Medio Ambiente convocada por la ONU y celebrada en Estocolmo en 1972 en ella se trata la temática del deterioro del medio ambiente, como conclusión de dicha conferencia, la Unión Europea decide la implantación de programas de acción sobre el medio ambiente. El marco general de la política comunitaria se desarrolla mediante la aprobación de programas de acción para períodos determinados. Conforme a lo establecido en dicho programa de acción se adopta la normativa comunitaria correspondiente.

Desde 1973 han sido implantados siete planes de acción medioambientales de la Unión Europea distintos, cada uno de ellos aplicaba el acento en un problema relacionado al medio ambiente, y todos ellos fueron ideados con un espíritu de búsqueda de la mejora a largo plazo.

A lo largo de este trabajo expondré los distintos planes medio ambientales (en adelante PMA), que han tenido vigencia en la Unión Europea, explicaré como se formula, aprueba y publica un PMA. Del mismo modo se explicará que documento jurídico es el Programa medioambiental y mostraré las principales características en los relativo al último Programa medioambiental que se publicó el 20 de noviembre del año 2013 y que considero, tiene por subtítulo un concepto revelador sobre lo que intenta lograr: "Vivir bien, respetando los límites de nuestro planeta"

Acompaña el trabajo una lista de la información utilizada y una breve conclusión sobre el objeto de este escrito.

Antecedentes

Los programas plurianuales de acción en materia de medio ambiente (PAM) de la Unión Europea (UE) han establecido el marco político general de la política medioambiental de la UE desde los años setenta.

I Programa de acción de las Comunidades Europeas en materia de medio ambiente

En la cumbre de París en 1972 se da a conocer el Primer programa que tendrá vigencia entre 1973 y 1977. Denominado como I Programa de acción de las Comunidades Europeas en materia de medio ambiente y fue aprobado el 22 de noviembre de 1973. Trata en general sobre los objetivos, principios y prioridades en materia de medio ambiente de la UE, y su principal énfasis será el de corregir el deterioro del medio ambiente. (Diario Oficial n° C 112 de 20/12/1973)

II Programa de acción de las Comunidades Europeas en materia de medio ambiente

El II Programa de acción de las Comunidades Europeas en materia de medio ambiente fue de aplicación entre los años 1977 y 1981 y su principal matiz fue el de la prevención de los problemas, en lugar de únicamente dar solución a los ya creados. (Diario Oficial n° C 139 de 13/06/1977)

III Programa de acción de las Comunidades Europeas en materia de medio ambiente

Una vez finalizado el II programa se pone en marcha el III Programa de acción de las Comunidades Europeas en materia de medio ambiente. Trata la política medioambiental de forma estructural e introduce los conceptos evaluación de impacto ambiental y planificación, tiene vigencia entre 1982 y 1986. (Diario Oficial n° C 046 de 17/02/1983 p. 0001)

IV Programa de acción de las Comunidades Europeas en materia de medio ambiente

El IV Programa de acción de las Comunidades Europeas en materia de medio ambiente es funcional en el período de 1987-1992 y defiende que la protección del medio ambiente mejora la calidad de vida y resguarda los recursos naturales e integra la política del medio ambiente en las demás políticas. (DOC C 328/1 de 7-12-87).

V Programa de acción de las Comunidades Europeas en materia de medio ambiente

El Quinto Programa tiene por subtítulo "Hacia un desarrollo sostenible" y desarrolla para el período comprendido entre el año 1992 y 2000 y propone una nueva estrategia para cambiar la idea puramente económica e intenta aplicar el concepto de desarrollo sostenible junto a los de racionalización, responsabilidad compartida, prevención y subsidiariedad. (DOC 138 de 7-05-93)

VI Programa de Acción de la Comunidad Europea en materia de Medio Ambiente

El principal antecedente es el Sexto Programa de Acción de la Comunidad Europea en materia de Medio Ambiente por lo que será tratado más detenidamente. Fue denominado Medio ambiente 2010: el futuro está en nuestras manos y fue vigente en el período entre el 22 de julio de 2001 y el 21 de julio de 2012. (COM (2001) 31-1)

Problemas y actuaciones planteadas en el programa:

- Resolver el problema del cambio climático:
  - Lograr un acuerdo internacional sobre el Protocolo de Kioto y ponerlo en práctica.

- Establecer objetivos de reducción de las emisiones de gases de efecto invernadero en los principales sectores económicos.
- Instaurar para 2005 un sistema de "comercio" de derechos de emisión en la Unión Europea.
- Promover fuentes renovables de energía tales como la energía solar y eólica.
- Ayudar a los Estados miembros a prepararse a las consecuencias del cambio climático.

- Proteger la naturaleza y la vida silvestre:
  - Proteger nuestros hábitats más valiosos mediante la ampliación del programa comunitario Natura 2000.
  - Aplicar planes de acción para proteger la biodiversidad.

- Elaborar una estrategia para proteger el medio marino.
- Ampliar los programas nacionales y regionales que favorecen una gestión forestal sostenible.
- Introducir medidas de protección y restauración de paisajes.
- Elaborar una estrategia de protección del suelo.
- Coordinar las actuaciones de los Estados miembros en respuesta a accidentes y catástrofes naturales.

- Abordar las cuestiones de medio ambiente y salud:
  - Conocer mejor las relaciones entre contaminación medioambiental y salud humana realizando mejores trabajos de investigación.

- Estudiar normas sanitarias que tengan en cuenta a los grupos más vulnerables de la sociedad.
- Reducir los riesgos que plantea el uso de plaguicidas.
- Elaborar una nueva estrategia sobre contaminación del aire.
- Reformar nuestro sistema de control del riesgo de las sustancias químicas.

- Preservar los recursos naturales y gestionar los residuos:
  - Conocer mejor las relaciones entre contaminación medioambiental y salud humana realizando mejores trabajos de investigación.
  - Estudiar normas sanitarias que tengan en cuenta a los grupos más vulnerables de la sociedad.

- o Reducir los riesgos que plantea el uso de plaguicidas.
- o Elaborar una nueva estrategia sobre contaminación del aire.
- o Reformar nuestro sistema de control del riesgo de las sustancias químicas.

En este caso se deberán poner en marcha iniciativas dentro de cada ámbito de acción en un plazo máximo de cuatro años a partir de la adopción de la Decisión. La Comisión presentará informes de evaluación al Parlamento Europeo y al Consejo durante el cuarto año de aplicación del Programa y al final del mismo.

Tras finalizar el periodo del programa y según comunicado de prensa de la Comisión Europea La evaluación final del Sexto Programa de Acción en materia de Medio Ambiente arroja progresos en la política ambiental, pero deficiencias en su aplicación.

Materialización de los programas

¿Dónde se regula la existencia de los programas medio ambientales?

En la versión consolidada del Tratado Constitutivo de la Comunidad Europea título XIX medio ambiente, Art 175 punto 3:

> En otros ámbitos, el Consejo adoptará, con arreglo al procedimiento previsto en el artículo 251 y previa consulta al Comité Económico y Social y al Comité de las Regiones, programas de acción de carácter general que fijen los objetivos prioritarios que hayan de alcanzarse.
>
> El Consejo adoptará, en las condiciones previstas en el apartado 1 o en el apartado 2, según el caso, las medidas

necesarias para la ejecución de dichos programas.

El procedimiento citado en el artículo 175 está recogido en el artículo 251 capítulo 2, Disposiciones comunes a varias instituciones del Tratado Constitutivo de la Comunidad Europea:

Artículo 251

1. Cuando en el presente Tratado, para la adopción de un acto, se haga referencia al presente artículo, se aplicará el procedimiento siguiente.

2. La Comisión presentará una propuesta al Parlamento Europeo y al Consejo.

El Consejo, por mayoría cualificada, previo dictamen del Parlamento Europeo:

— si aprobara todas las enmiendas contenidas en el dictamen del Parlamento Europeo, podrá adoptar el acto propuesto así modificado,

— si el Parlamento Europeo no propusiera enmienda alguna, podrá adoptar el acto propuesto,

— en los demás casos, adoptará una posición común y la transmitirá al Parlamento Europeo. El Consejo informará plenamente al Parlamento Europeo de los motivos que le hubieran conducido a adoptar su posición común. La Comisión informará plenamente sobre su posición al Parlamento Europeo.

Si, transcurrido un plazo de tres meses desde esa comunicación, el Parlamento Europeo:

a) aprobara la posición común o no tomara decisión alguna, el acto de que se trate se considerará adoptado con arreglo a esa posición común;

b) rechazara, por mayoría absoluta de sus miembros, la posición común, el acto propuesto se considerará no adoptado;

c) propusiera enmiendas de la posición común por mayoría absoluta de sus miembros, el texto modificado será *transmitido al Consejo y a la Comisión, que emitirá un dictamen sobre estas enmiendas.*

3. Si en un plazo de tres meses desde la recepción de las enmiendas del Parlamento Europeo, el Consejo aprobara por mayoría cualificada todas ellas, se considerará que el acto de que se trate ha sido adoptado en la forma de la posición común así modificada; no obstante, el Consejo deberá pronunciarse por unanimidad sobre aquellas enmiendas que hayan sido objeto de un dictamen negativo de la Comisión. Si el Consejo no aprobara todas las enmiendas, el presidente del Consejo, de acuerdo con el presidente del Parlamento Europeo, convocará en el plazo de seis semanas una reunión del Comité de Conciliación.

4. El Comité de Conciliación, que estará compuesto por los miembros del Consejo o sus representantes y por un número igual de representantes del Parlamento Europeo, procurará alcanzar un acuerdo sobre un texto conjunto, por mayoría cualificada de los miembros del Consejo o sus representantes y por mayoría simple de los representantes del Parlamento Europeo. La Comisión participará en los trabajos del Comité de Conciliación y adoptará todas las iniciativas necesarias para favorecer un acercamiento de las posiciones del Parlamento Europeo y del Consejo. Al realizar esta misión, el Comité de Conciliación examinará la posición común sobre la base de las enmiendas propuestas por el Parlamento Europeo.

5. Si en el plazo de seis semanas después de haber sido convocado, el Comité de Conciliación aprobara un texto conjunto, el Parlamento Europeo y el Consejo dispondrán cada uno de seis semanas a partir de dicha aprobación para adoptar el acto en cuestión conforme al texto conjunto, pronunciándose respectivamente por mayoría absoluta de los votos emitidos y por mayoría cualificada. Si cualquiera de ambas instituciones no aprobara el acto propuesto dentro de dicho plazo, éste se considerará no adoptado.

6. Si el Comité de Conciliación no aprobara un texto conjunto, el acto propuesto se considerará no adoptado.

7. Los períodos de tres meses y de seis semanas a que se refiere el presente artículo podrán ampliarse, como máximo, en un mes y dos semanas, respectivamente, a iniciativa del Parlamento Europeo o del Consejo.

Los programas utilizan la figura de decisión, es una norma jurídica que vincula a los destinatarios desde que son notificados, en todos sus elementos y de manera inmediata, se asemeja en cómo funciona al reglamento. La decisión tiene efecto desde que es publicada en el Diario Oficial de la Unión Europea(a no ser que la norma disponga otra fecha). Desde el Tratado de Lisboa en 2009 se distinguen tres formas de decisiones:

- La decisión legislativa: Actos que constituyen un acto jurídico de la Unión y emanan de la autoridad legisladora del Parlamento Europeo y del Consejo, a propuesta de la Comisión. Esta es la forma adoptada por los Programas medioambientales de la Unión Europea.

- La decisión delegada: No estará revestido de acto legislativo y ha de constar la situación de delegación.

- La decisión de ejecución: Actos no legislativos "De ejecución" que serán tomados por la Comisión o en casos señalados por el Consejo.

Programa General de Acción de la Unión en materia de Medio Ambiente

---

"Vivir bien, respetando los límites de nuestro planeta"

Artículo 10: Para vivir bien en el futuro deben tomarse ahora medidas urgentes y concertadas para reforzar la resiliencia ecológica y maximizar los beneficios que la política de medio ambiente puede aportar a la economía y la sociedad, respetando al mismo tiempo los límites ecológicos del planeta. El VII PMA refleja el compromiso de la Unión por transformarse en una economía verde e integradora que garantice el crecimiento y el desarrollo, proteja la salud y el bienestar, cree empleos dignos, reduzca las desigualdades, invierta en biodiversidad, incluidos los servicios ecosistémicos que presta (capital natural), dado su valor intrínseco y su contribución esencial al bienestar humano y la prosperidad económica, y la preserve.

En base a las conclusiones obtenidas del VI plan de acción medioambiental de la Unión y teniendo en cuenta las necesidades futuras se realizó la Decisión Nº 1386/2013/UE del Parlamento Europeo y del Consejo de 20 de noviembre de 2013. Siguen aplicándose muchas medidas y decisiones del anterior programa, ya que se llegó a la conclusión de que obtuvo un resultado positivo. Pese a que este programa tiene vigencia hasta el 2020, está realizado en base a una clara expectativa de futuro a largo plazo, en este caso, la visión de la Unión de 2050.

Pese a estar constituido mayoritariamente de directrices, también posee compromisos como la reducción del 20% de gases de efecto invernadero hasta el 2020, (30% si los demás países contribuyeran en el compromiso). También que el 20% de energía consumida provenga de fuentes renovables. Del mismo modo el compromiso de detener la deforestación tropical en no menos del 50%.

Objetivos temáticos:

1. Proteger, conservar y mejorar el capital natural de la Unión.
2. Convertir a la Unión en una economía hipocarbónica, eficiente en el uso de los recursos, ecológica y competitiva.

i. Se establece en la iniciativa Una Europa que utilice eficazmente los recursos.
ii. Aplicar plenamente el conjunto de medidas relativas al cambio climático y a energía
iii. Llegar a un acuerdo sobre las próximas medidas para la política climática
iv. Mejorar el comportamiento medioambiental de los productos durante todo su ciclo de vida.

v. Reducir el impacto ambiental del consumo

3. Proteger a los ciudadanos de la Unión frente a las presiones y riesgos medioambientales para la salud y el bienestar

   i. Intensificación de los esfuerzos para hacer frente a la contaminación atmosférica, acústica y de las aguas

   ii. Mejora de la gestión de las sustancias químicas

   iii. Preparación para hacer frente al cambio climático

Prioridades temáticas:

Es la parte más relevante de la decisión, en la que se marcan cuáles serán las prioridades, se describe la situación actual de cada una de ellas, se dan una serie de garantías para el 2020 y también concreta en particular, que medidas han de ser tomadas para cada una de ellas, a continuación, se explicará con mayor profundidad algunas de ellas.

1. Proteger, conservar y mejorar el capital natural de la UE

   - Garantías para 2020:

     a) se hayan detenido la pérdida de biodiversidad y la degradación de los servicios ecosistémicos, incluida la polinización, los ecosistemas y los servicios que prestan se mantengan y se haya restaurado por lo menos el 15 % de los ecosistemas degradados;

     b) se haya reducido considerablemente el impacto de las presiones ejercidas sobre las aguas de transición, costeras y dulces para alcanzar, mantener o mejorar el buen estado a que se refiere la Directiva marco del Agua;

c) se haya reducido el impacto de las presiones ejercidas sobre las aguas marinas, para alcanzar o mantener un buen estado medioambiental;

d) se hayan seguido reduciendo la contaminación atmosférica y sus impactos sobre los ecosistemas y la biodiversidad con el objetivo a largo plazo de no exceder las cargas y niveles críticos;

e) la tierra se gestione de una forma sostenible en la Unión, el suelo se proteja adecuadamente y sigan saneándose los lugares contaminados;

f) el ciclo de los nutrientes (nitrógeno y fósforo) se gestione de una manera más sostenible y eficiente en cuanto al uso de los recursos;

g) la gestión de los bosques sea sostenible y se protejan los bosques, su biodiversidad y los servicios que prestan y, en la medida de lo posible, se refuercen, y se mejore la resiliencia de los bosques frente al cambio climático, los incendios, las tormentas, las plagas y las enfermedades.

- Considera necesario para ello:

i) acelerar sin demora la puesta en práctica de la Estrategia sobre la Biodiversidad de la Unión, con el fin de alcanzar sus objetivos,

ii) aplicar plenamente el Programa de salvaguardia de las aguas de Europa,

iii) intensificar con urgencia los esfuerzos, entre otras cosas para preservar unas poblaciones de peces saludables, en consonancia con la política pesquera común, la Directiva marco sobre la Estrategia Marina y las obligaciones internacionales; combatir la polución y establecer a nivel de la Unión una meta cuantitativa principal de reducción de los desechos marinos respaldada por medidas aplicadas en la fuente y para la que se tomen en consideración las estrategias marinas establecidas por los Estados miembros; completar la red Natura 2000 de zonas marinas protegidas y velar por que esas zonas costeras se gestionen de manera sostenible,

iv) acordar y aplicar una Estrategia de la UE para la adaptación al cambio climático, incluida la integración de la adaptación al cambio climático en las iniciativas y sectores clave de las políticas de la Unión,

v) redoblar esfuerzos para cumplir íntegramente la legislación de la Unión en materia de calidad del aire y establecer medidas y metas estratégicas para después de 2020,

vi) redoblar esfuerzos para reducir la erosión e incrementar la materia orgánica del suelo, sanear lugares contaminados y reforzar la integración de las consideraciones sobre el uso de la tierra en un proceso decisorio coordinado entre todas las esferas gubernamentales pertinentes, con el apoyo de la adopción de metas relativas al suelo y la tierra como recurso y de objetivos de ordenación territorial,

vii) adoptar medidas adicionales para reducir las emisiones de nitrógeno y para reducir y valorizar las emisiones de fósforo, en particular las procedentes de las aguas residuales urbanas e industriales y del uso de fertilizantes, mediante un mejor control de las fuentes y la recuperación de residuos fosforados,

viii) desarrollar y aplicar una Estrategia Forestal renovada de la Unión que responda a las numerosas exigencias que se imponen a los bosques, aborde los beneficios que estos aportan y contribuya a un planteamiento más estratégico respecto a la protección y mejora de los bosques mediante su gestión sostenible, entre otros instrumentos,

ix) potenciar el suministro de información pública de la Unión, la concienciación de los ciudadanos y su educación en materia de medio ambiente.

2. Crear una economía que utilice los recursos de manera eficiente y tenga niveles bajos de emisiones de carbono

- Garantías para 2020:

   a) la Unión haya cumplido sus objetivos en materia de clima y energía para 2020 y esté trabajando para reducir para 2050 las emisiones de GEI en un 80-95 % en comparación con los niveles de 1990, como parte del esfuerzo mundial para mantener el aumento medio de la temperatura por debajo de 2 °C en comparación con los niveles preindustriales, con la conclusión de un acuerdo sobre un marco normativo en materia de clima y de energía como paso clave en este proceso;

b) Se haya reducido considerablemente el impacto medioambiental global de los principales sectores de la economía de la Unión, haya aumentado su eficiencia en el uso de los recursos, y se hayan establecido valores de referencia e implantado métodos de medición; estén aplicándose incentivos de mercado y políticos para fomentar las inversiones de las empresas en eficiencia en el uso de recursos y esté estimulándose el crecimiento verde mediante medidas de fomento de la innovación;

c) los cambios estructurales en la producción, la tecnología y la innovación, así como las pautas de consumo y los modos de vida, hayan reducido el impacto medioambiental global de la producción y el consumo, en particular en los sectores de la alimentación, la vivienda y la movilidad;

d) los residuos se gestionen de forma segura como recurso y para prevenir daños a la salud y al medio ambiente, el volumen absoluto de generación de residuos y los residuos generados per cápita registren un descenso, los vertidos se limiten a los desechos residuales

- Considera necesario para ello:

i) aplicar íntegramente el paquete de medidas sobre clima y energía y acordar urgentemente un marco a nivel de la Unión sobre una política de clima y energía para 2030, teniendo debidamente en cuenta el informe de evaluación más reciente del IPCC, los objetivos indicativos establecidos en la Hoja de ruta hacia una economía hipocarbónica y las evoluciones observadas en la CMNUCC y en otros procesos relevantes,

ii) generalizar la aplicación de las «mejores técnicas disponibles» en el contexto de la Directiva sobre Emisiones Industriales y redoblar esfuerzos para promover la adopción de las tecnologías, procesos y servicios innovadores que vayan surgiendo,

iii) impulsar la investigación y los trabajos de innovación públicos y privados que sean necesarios para generalizar tecnologías, sistemas y modelos empresariales innovadores que aceleren la transición hacia una economía hipocarbónica, eficiente en el uso de los recursos, segura y sostenible y reduzcan los costes de ese proceso; seguir desarrollando el enfoque establecido en el Plan de Acción en materia de Eco innovación, definir las prioridades de innovación incremental y los cambios de sistema, fomentar una mayor participación de las tecnologías verdes en el mercado de la Unión y acrecentar la competitividad de la eco industria europea; establecer indicadores y fijar objetivos realistas y viables en cuanto a eficiencia en el uso de recursos,

iv) desarrollar, para 2015 a más tardar, tecnologías de medición y de determinación de valores de referencia en lo relativo a eficiencia en el uso de recursos terrestres, de carbono, hídricos y de material, y evaluar la procedencia de incluir un indicador y un objetivo básicos en el Semestre Europeo,

v) establecer un marco de políticas más coherente para una producción y un consumo sostenibles, que incluya, cuando proceda, la consolidación de los instrumentos actuales en un marco jurídico coherente; revisar la legislación en materia de productos con objeto de mejorar el comportamiento medioambiental y la eficiencia de los productos en el uso de los recursos a lo largo de todo su ciclo de vida; estimular la demanda de consumo de los productos y servicios sostenibles desde el punto de vista medioambiental mediante políticas que fomenten su disponibilidad, asequibilidad, funcionalidad y atractivo; crear indicadores y fijar metas realistas y viables de reducción del impacto global del consumo,

vi) desarrollar programas de formación dirigidos a los empleos verdes,

vii) intensificar los esfuerzos por alcanzar los actuales objetivos y revisar los planteamientos relativos a la contratación pública ecológica, incluido su ámbito de aplicación, para aumentar su eficacia; crear una red de adquisiciones públicas voluntarias para las empresas de la Unión,

viii) ejecutar íntegramente la legislación de residuos de la Unión. Dicha ejecución implica la aplicación de la jerarquía de residuos de conformidad con la Directiva marco de Residuos y el recurso efectivo a instrumentos y otras medidas de mercado que garanticen que: 1) el depósito de residuos en vertederos se limite a los desechos residuales (es decir, no reciclables y no recuperables), teniendo en cuenta los aplazamientos dispuestos en el artículo 5, apartado 2, de la Directiva sobre el vertido de residuos; 2) la recuperación de energía se limite a materiales no reciclables, de conformidad con lo dispuesto en el artículo 4, apartado 2, de la Directiva marco sobre Residuos; 3) el reciclado de residuos se use como fuente principal y fiable de materias primas para la Unión, mediante el desarrollo de ciclos de materiales no tóxicos; 4) los residuos peligrosos se gestionen sin riesgos y se reduzca el volumen generado; 5) se eliminen los traslados ilegales de residuos con la ayuda de una estrecha vigilancia, y 6) se reduzca el desperdicio de alimentos; se efectúen revisiones de la legislación vigente en materia de productos y residuos, incluida la revisión de los principales objetivos de las directivas pertinentes en materia de residuos, en consonancia con la Hoja de ruta para la eficiencia en el uso de recursos, con el fin de avanzar hacia una economía circular; y se eliminen los obstáculos comerciales internos en la Unión frente a las actividades de reciclado respetuosas del medio ambiente. Se requieren campañas de información pública para mejorar la conciencia y la comprensión de la política de residuos y estimular un cambio en los comportamientos,

ix) mejorar la eficiencia hídrica mediante el establecimiento y la vigilancia de objetivos a nivel de cuencas hidrográficas sobre la base de una metodología común para lograr los objetivos de eficiencia hídrica desarrollados en el marco del proceso de la estrategia común de aplicación, la utilización de mecanismos de mercado tales como la tarificación del agua, con arreglo a lo dispuesto en el artículo 9 de la Directiva marco del Agua y, si procede, otras medidas de mercado; elaborar planteamientos para regular la utilización de aguas residuales tratadas.

3. Proteger la salud de los ciudadanos de la UE ante los peligros medioambientales

- Garantías para 2020

  a) la calidad del aire exterior en la Unión haya mejorado considerablemente, aproximándose a los valores recomendados por la OMS, y la calidad del aire interior haya mejorado, con arreglo a las directrices correspondientes de la OMS;

b) la contaminación acústica en la Unión haya disminuido considerablemente, aproximándose a los niveles recomendados por la OMS;

c) los ciudadanos de toda la Unión disfruten de normas elevadas de calidad del agua potable y del agua de baño;

d) se controlen con eficacia en toda la legislación pertinente de la Unión los efectos combinados de los productos químicos y los problemas de seguridad que plantean los alteradores endocrinos, y se evalúen y minimicen los riesgos para el medio ambiente y la salud, en particular por lo que respecta a los menores, asociados al uso de sustancias peligrosas, incluidas las sustancias químicas presentes en productos; se identificarán medidas a largo plazo con vistas a alcanzar el objetivo de un entorno no tóxico;

e) el uso de plaguicidas no cause efectos perjudiciales para la salud de las personas o influya de forma inaceptable en el medio ambiente, y que estos productos se usen de manera sostenible;

f) se controlen adecuadamente los problemas de seguridad relacionados con los nano materiales y los materiales de propiedades similares, aplicando un planteamiento coherente en la legislación;

g) se hayan realizado avances decisivos en materia de adaptación a los impactos del cambio climático.

- Considera necesario para ello

i) aplicar una política actualizada de la Unión sobre calidad del aire, acorde con los conocimientos científicos más recientes, y desarrollar y poner en práctica medidas de lucha contra la contaminación atmosférica en su origen, teniendo en cuenta la diferencia entre las fuentes de la contaminación del aire exterior e interior,

ii) aplicar una política actualizada de la Unión sobre ruido, acorde con los conocimientos científicos más recientes, así como medidas de lucha contra el ruido en su origen, e incluir mejoras en el diseño urbano,

iii) incrementar los esfuerzos para aplicar la Directiva marco del Agua, la Directiva de Aguas de Baño y la Directiva de Agua Potable, especialmente en relación con los pequeños proveedores de ese recurso,

iv) seguir aplicando el Reglamento REACH para garantizar un alto nivel de protección de la salud humana y del medio ambiente, así como la libre circulación de productos químicos dentro del mercado interior, potenciando la competitividad y la innovación y teniendo en cuenta las necesidades específicas de las PYME; desarrollar para 2018 a más tardar una estrategia de la Unión para un entorno no tóxico que propicie la innovación y el desarrollo de sustitutivos sostenibles, incluidas las soluciones no químicas, apoyándose en medidas horizontales que deberán ponerse en práctica en 2015, a más tardar, para garantizar: 1) la seguridad de los nano materiales manufacturados y de los materiales manufacturados de propiedades similares; 2) la minimización de la exposición a los alteradores endocrinos; 3) planteamientos reguladores adecuados para abordar los efectos combinados de los productos químicos, y 4) la minimización de la exposición a las sustancias químicas presentes en los productos, incluidos, entre otros, los productos importados, con objeto de fomentar los ciclos Ade materiales no tóxicos y la reducción de la exposición a sustancias perjudiciales en el interior,

v) vigilar la aplicación de la legislación de la Unión sobre el uso sostenible de los productos biocidas y plaguicidas y, cuando sea necesario, revisarla para mantenerla al día con referencia a los conocimientos científicos más recientes,

vi) acordar y aplicar una Estrategia de la UE en materia de

adaptación al cambio climático, incluida la integración de las consideraciones en materia de adaptación y gestión del riesgo de catástrofes en sectores e iniciativas políticas clave de la Unión.

4. Garantizar la correcta aplicación de la legislación medioambiental europea

- Garantías para 2020:

    a) el público tenga acceso a información clara sobre cómo se está aplicando la legislación de medio ambiente de la Unión en consonancia con el Convenio de Aarhus;

    b) haya aumentado la observancia de las disposiciones legislativas concretas en materia de medio ambiente;

c) se haya conseguido el cumplimiento de la legislación medioambiental de la Unión en todas las esferas adminis-trativas y se garanticen unas condiciones equitativas en el mercado interior;

d) la legislación de la Unión en materia de medio ambiente y su ejecución inspiren más confianza a los ciudadanos;

e) se facilite la aplicación del principio de una tutela judicial efectiva de los ciudadanos y las organizaciones de la sociedad civil.

- Considera necesario para ello:

i) garantizar que los sistemas a nivel nacional difundan activamente información sobre cómo se está aplicando la legislación medioambiental en el conjunto de la Unión, acompañada de cuadros con los resultados de cada Estado miembro,

ii) celebrar acuerdos voluntarios de asociación para la aplicación de la legislación entre la Comisión y los Estados miembros, que impliquen, en su caso, la participación de las autoridades locales y regionales,

iii) ampliar a todo el corpus de la legislación medioambiental de la Unión unos criterios que obliguen a los Estados miembros a realizar inspecciones y vigilancias eficaces, y seguir desarrollando la capacidad complementaria de inspección a nivel de la Unión, valiéndose de estructuras existentes, con el respaldo de redes de profesionales como la IMPEL, y mediante la intensificación de las revisiones interpares y el intercambio de mejores prácticas, con el fin de aumentar la eficiencia y la efectividad de las inspecciones,

iv) garantizar mecanismos coherentes y eficaces a nivel nacional para la tramitación de reclamaciones relacionadas con la aplicación de la legislación medioambiental de la Unión,

v) garantizar que las disposiciones nacionales sobre acceso a la justicia reflejen la jurisprudencia del Tribunal de Justicia de la Unión Europea, y promover los procedimientos no judiciales de resolución de litigios como medio para encontrar soluciones amistosas y efectivas en litigios sobre cuestiones de medio ambiente.

5. Mejorar la base de datos para la política medioambiental

- Garantías para 2020:

    a) los responsables políticos y las partes interesadas dispongan de una base más documentada para desarrollar y aplicar las políticas de medio ambiente y clima, en particular para comprender el impacto medioambiental de las actividades humanas y calcular los costes y los beneficios de actuar y los costes de no actuar;

b) hayan mejorado considerablemente nuestros conocimientos y nuestra capacidad de evaluar y gestionar los nuevos riesgos climáticos y medioambientales;

c) se haya consolidado la interfaz ciencia-política, en particular en lo que se refiere a la accesibilidad de los datos para los ciudadanos y la contribución de la ciencia ciudadana;

d) se haya intensificado la influencia de la Unión y sus Estados miembros en los foros internacionales de ciencia política para mejorar la base de conocimiento sobre la política medioambiental internacional.

- Considera necesario para ello:

i) coordinar, compartir y promover los esfuerzos de investigación a nivel de la Unión y los Estados miembros para colmar las principales lagunas en los conocimientos medioambientales, en particular respecto a los riesgos de traspasar puntos de inflexión ambientales y límites del planeta,

ii) aplicar un planteamiento sistemático e integrado a la gestión del riesgo, en particular en relación con la evaluación y la gestión de nuevos ámbitos políticos emergentes y los riesgos conexos, así como la pertinencia y coherencia de las respuestas reglamentarias. Ello podría contribuir a impulsar en mayor medida la investigación sobre los peligros de productos, procesos y tecnologías nuevos,

iii) simplificar, racionalizar y modernizar la recogida, la gestión, la puesta en común y la reutilización de datos e información sobre cambio climático y medio ambiente, incluidos el desarrollo y la aplicación de un Sistema Compartido de Información Medioambiental,

iv) desarrollar una base de conocimiento exhaustiva sobre la toxicidad y la exposición a productos químicos que, en la medida de lo posible, se apoye en datos obtenidos sin ensayos con animales; proseguir con el enfoque coordinado de la Unión sobre bio vigilancia ambiental y humana, incluida, cuando proceda, la normalización de los protocolos de investigación y los criterios de evaluación,

v) intensificar la cooperación a nivel internacional, de la Unión y de los Estados miembros sobre la interfaz ciencia política medioambiental.

6. Asegurar la inversión para las políticas medioambientales y climáticas y ajustar los precios

- Garantías para 2020:

a) se hayan realizado de una forma rentable los objetivos de la política de medio ambiente y clima, y tales objetivos estén respaldados por una financiación adecuada;

b) haya aumentado la financiación procedente del sector privado y del público para gastos relacionados con el medio ambiente y el clima;

c) el valor del capital natural y los servicios ecosistémicos, así como el coste de su degradación, se hayan evaluado adecuadamente y tenido en cuenta en la toma de decisiones políticas y en las inversiones.

- Considera necesario para ello:

  i) suprimir progresivamente y sin demora las subvenciones perjudiciales a nivel de la Unión y de los Estados miembros, e informar sobre los progresos a través de los Programas Nacionales de Reforma; intensificar la aplicación de instrumentos de mercado, como las políticas fiscales de los Estados miembros, las tarifas y las tasas, y ampliar los mercados de bienes y servicios medioambientales, teniendo debidamente en cuenta cualquier impacto social negativo, utilizando un enfoque basado en la acción respaldado y controlado por la

Comisión, entre otros, a través del Semestre Europeo,

ii) facilitar el acceso a fondos e instrumentos financieros innovadores a favor de la eco innovación, así como el desarrollo de los mismos,

iii) reflejar convenientemente las prioridades medioambientales y climáticas en las políticas y estrategias de financiación para apoyar la cohesión económica, social y territorial,

iv) dedicar un esfuerzo especial a garantizar el uso integral y eficiente de los fondos disponibles de la Unión para la actuación a favor del medio ambiente, en particular incrementando significativamente la utilización temprana de los fondos del marco financiero plurianual de la Unión para 2014-2020 y asignando el 20% del presupuesto a medidas de adaptación y mitigación del cambio climático, por medio de la integración de la acción por el clima, y asociando esos fondos a unos criterios de referencia claros, la fijación de objetivos y la realización de actividades de seguimiento y notificación,

v) desarrollar y aplicar, antes de 2014, un sistema de notificación y seguimiento de los gastos relacionados con el medio ambiente en el presupuesto de la Unión, en particular los gastos en relación con el cambio climático y la biodiversidad,

vi) integrar las consideraciones medioambientales y climáticas en el proceso del Semestre Europeo, cuando ello sea pertinente a efectos de las perspectivas de crecimiento sostenible de los Estados miembros y adecuado respecto a las recomendaciones específicas por países,

vii) desarrollar y aplicar indicadores alternativos que vayan más allá del PIB y lo complementen y que permitan controlar si nuestro progreso es sostenible, así como proseguir la integración entre los indicadores económicos y los medioambientales y sociales, incluida la contabilidad del capital natural,

viii) seguir desarrollando e incentivando los regímenes de pagos para servicios ecosistémicos,

ix) establecer incentivos y metodologías que animen a las empresas a calcular el coste medioambiental de sus negocios y beneficios derivados de la utilización de servicios medioambientales y a divulgar información sobre el medio ambiente como parte de su información anual; alentar a las empresas para que actúen con la debida diligencia, en particular a través de su cadena de suministro.

7. Integrar las consideraciones de índole medioambiental en todos los ámbitos políticos y fortalecer la coherencia de las políticas

- Garantías para 2020:

    a) las políticas sectoriales de la Unión y los Estados miembros se desarrollen y apliquen de tal forma que favorezcan la consecución de objetivos y metas pertinentes en materia de clima y medioambiente.

- Considera necesario para ello:

    i) integrar las condicionalidades e incentivos relacionados con el clima y el medio ambiente en una serie de iniciativas políticas, incluidas las reformas y revisiones de la política existente, así como en nuevas iniciativas, tanto a nivel de la Unión como de los Estados miembros,

ii) realizar evaluaciones ex ante de los impactos medioambientales, sociales y económicos de iniciativas políticas al nivel adecuado de la Unión y los Estados miembros para garantizar su coherencia y eficacia,

iii) aplicar plenamente la Directiva de Evaluación Ambiental Estratégica y la Directiva de Impacto Ambiental,

iv) utilizar la información de la evaluación ex post relacionada con la experiencia obtenida con la aplicación del acervo medioambiental con objeto de mejorar su consistencia y coherencia,

v) abordar los posibles compromisos en todas las políticas, con objeto de maximizar las sinergias y evitar, reducir y, en la medida de lo posible, remediar los efectos negativos no intencionados en el medio ambiente.

8. Ayudar a las ciudades europeas a ser más sostenibles

- Garantías para 2020:

    a) la mayoría de las ciudades de la Unión estén aplicando políticas de ordenación y diseño sostenibles del espacio urbano, incluidos enfoques innovadores para el transporte colectivo urbano y la movilidad, edificios sostenibles, eficiencia energética y conservación de la biodiversidad urbana.

- Considera necesario para ello:

    i) determinar y acordar un conjunto de criterios para evaluar el comportamiento medioambiental de las ciudades, teniendo en cuenta los impactos económicos, sociales y territoriales,

    ii) garantizar que las ciudades dispongan de información sobre la mejor manera de acceder a la financiación de medidas para mejorar la sostenibilidad urbana, y que tengan acceso a esos fondos,

iii) compartir las mejores prácticas entre las ciudades a escala de la Unión e internacional sobre desarrollo urbano innovador y sostenible,

iv) en el marco de las actuales iniciativas y redes de la Unión, desarrollar y promover una idea común sobre la manera de contribuir a la consecución de mejores entornos urbanos, prestando especial atención a la integración del urbanismo con objetivos relacionados con el uso eficiente de los recursos, una economía hipocarbónica, la adaptación al cambio climático, el uso sostenible del suelo urbano, la gestión de residuos, la resiliencia de los ecosistemas, la gestión del agua, la salud humana, la participación pública en la toma de decisiones, así como la educación y la sensibilización y educación en materia de medio ambiente.

9. Fortalecer la eficacia de la UE para abordar problemas medioambientales regionales y mundiales.

- Garantías para 2020:

   a) se hayan integrado plenamente las conclusiones de Río + 20 en las políticas exteriores y exteriores de la Unión, y la Unión esté contribuyendo efectivamente a los esfuerzos mundiales por aplicar compromisos acordados, incluidos los contraídos en el marco de los Convenios de Río, así como a iniciativas destinadas a promover la transición global hacia una economía verde e integradora en el contexto del desarrollo sostenible y la erradicación de la pobreza;

b) la Unión esté apoyando efectivamente los esfuerzos nacionales, regionales e internacionales para resolver los problemas medioambientales y climáticos y garantizar un desarrollo sostenible;

c) se haya reducido el impacto del consumo de la Unión en el medio ambiente fuera de sus fronteras.

- Considera necesario para ello:

i) trabajar, como parte de un enfoque coherente y global de los desafíos universales de erradicación de la pobreza y desarrollo sostenible para después de 2015, y mediante un proceso inclusivo y de colaboración, en pos de la adopción de objetivos de desarrollo sostenible.

ii) trabajar para conseguir una estructura más efectiva de las Naciones Unidas en relación con el desarrollo sostenible, especialmente por medio de su dimensión medioambiental

iii) potenciar el impacto de diferentes fuentes de financiación, en particular los impuestos y la movilización de los recursos internos, la inversión privada, nuevas asociaciones y fuentes de financiación innovadoras, así como crear opciones respecto a la utilización de la ayuda al desarrollo para hacer uso de·esas otras fuentes de financiación como parte de una estrategia de financiación del desarrollo sostenible y en las propias políticas de la Unión, incluidos los compromisos internacionales a favor de la financiación para la protección de la biodiversidad y la lucha contra el cambio climático;

iv) establecer relaciones con países socios de una forma más estratégica, por ejemplo, centrando la cooperación con:

— socios estratégicos

— países integrados en la Política Europea de Vecindad

— países en desarrollo

v) participar en procesos multilaterales en curso y nuevos sobre cuestiones medioambientales y otros foros pertinentes, de una forma más coherente, proactiva y efectiva, incluida la asistencia oportuna a terceros países y otros socios, con vistas a garantizar el cumplimiento a nivel de la Unión de los compromisos para 2020 y promoverlos a nivel mundial, y acordar la actuación internacional para después de ese año, y ratificar e incentivar los esfuerzos destinados a aplicar todos los principales acuerdos medioambientales multilaterales mucho antes de 2020. Aplicar el marco decenal de programas sobre modalidades de consumo y producción sostenibles;

vi) evaluar el impacto medioambiental en el mundo del consumo que hace la Unión de alimentos y productos no alimentarios y, en su caso, desarrollar propuestas políticas para tratar los resultados de estas evaluaciones, y examinar la posibilidad de elaborar un plan de acción de la Unión sobre deforestación y degradación forestal;

vii) promover un mayor desarrollo y aplicación de regímenes de comercio de derechos de emisión en todo el mundo y favorecer la vinculación entre estos sistemas;

viii) garantizar que el progreso económico y social se consiga en el respeto de la capacidad de la tierra, aumentando la comprensión de los límites del planeta, entre otros, en el desarrollo del marco posterior a 2015, con el fin de garantizar el bienestar humano y la prosperidad a largo plazo.

Antes del final del PMA la Comisión presentará un informe al Parlamento Europeo y al Consejo sobre la evaluación del Plan, en base a ello la Comisión en su

caso presentará la propuesta para un VIII Plan de
acción relativo al medio ambiente en la Unión

Conclusión

Hace ya más de cuarenta años que los planes de acción medioambientales de la Unión condicionan y direccionan las políticas y legislación ambiental en Europa. El sistema que sigue su formulación es lo más interesante de él, en base a los resultados obtenidos del plan anterior y teniendo en cuenta sus fracasos y éxitos, y por otra parte las nuevas necesidades que hayan sucedido o tengan previsión de suceder, se realiza el nuevo plan. Esa forma de proceder considero que es de lo más acertada, pudiendo mediante ese mecanismo de previsión de futuro, evitar la legislación a corto plazo sin vistas de futuro.

Se formula una meta, el proceso general sobre cómo conseguirlo y en concreto medidas para lograrlo. Es un sistema muy eficaz de marcar un camino a seguir.

A continuación, y a modo de conclusión, incluyo un fragmento de la decisión en cuestión, en la que se da una visión sobre cómo quiere Europa que sea el año 2050, y en base a ello, toma medidas hoy.

Visión del 2050 según el PMA

En 2050, vivimos bien, respetando los límites ecológicos del planeta. Nuestra prosperidad y nuestro medio ambiente saludable son la consecuencia de una economía circular innovadora, donde nada se desperdicia y en la que los recursos naturales se gestionan de forma sostenible, y la biodiversidad se protege, valora y restaura de tal manera que la resiliencia de nuestra sociedad resulta fortalecida. Nuestro crecimiento hipocarbónico lleva tiempo disociado del uso de los recursos, marcando así el paso hacia una economía segura y sostenible a nivel mundial.

Bibliografía utilizada:

- Treinta años de actuación en materia medioambiental en la unión europea por María Jesús Sánchez Muñoz

- Fundación Española para la Ciencia y la tecnología

  http://www.fecyt.es/especiales/ue_politica_medioambiental/marco.htm

- Impacto del medio ambiente en el ordenamiento jurídico

  http://www.unav.es/adi/UserFiles/File/4000005738/Derecho_ambiental_comunitario.pdf

- La nueva normativa de los envases y embalajes por Juan Ramón Lozano

- Wikipedia

  http://es.wikipedia.org/wiki/Decisi%C3%B3n_(Derecho_de_la_Uni%C3%B3n_Europea)

- Euroalert

http://euroalert.net/ueprogrammes.aspx?idp=740

- Europa.eu

  http://europa.eu/legislation_summaries/other/l28062_es.htm

  http://europa.eu/legislation_summaries/agriculture/environment/l28027_es.htm

  http://europa.eu/rapid/press-release_IP-11-996_es.htm

  http://ec.europa.eu/environment/news/efe/pdf/efe49/EFE-ES-49-130328.pdf

- El séptimo programa ambiental de la Unión Europea por Dionisio Fernández de Gatta Sánchez

- Abaleo.es

  http://abaleo.es/desarrollo-sostenible/vivir-bien-respetando-limites-del-planeta.html

- Eur-Lex

  http://eur-

  lex.europa.eu/LexUriServ/LexUriServ.do?uri

  =OJ:L:2013:354:0171:0200:ES:PDF